Para

com votos de paz

/ /

Divaldo Pereira Franco
pelo espírito Joanna de Ângelis

Afinidade

Salvador
5. ed. - 2023

© (1995) Centro Espírita Caminho da Redenção
Site: https://mansaodocaminho.com.br
Edição: 5. ed. (2ª reimpressão) – 2023
Tiragem: 1.000 exemplares (milheiros: 24.500)
Coordenação editorial: Lívia Maria Costa Sousa
Revisão: Manoelita Rocha · Luciano Urpia
Capa: Cláudio Urpia
Editoração eletrônica: Ailton Bosco
Colaboração: Ana Spränger
Coedição e publicação: Instituto Beneficente Boa Nova

PRODUÇÃO GRÁFICA
LIVRARIA ESPÍRITA ALVORADA EDITORA – LEAL
E-mail: editora.leal@cecr.com.br
DISTRIBUIÇÃO: INSTITUTO BENEFICENTE BOA NOVA
Av. Porto Ferreira, 1031, Parque Iracema. CEP 15809-020
Catanduva-SP.
Contatos: (17) 3531-4444 | (17) 99777-7413 (WhatsApp)
E-mail: boanova@boanova.net
Vendas on-line: https://www.livrarialeal.com.br

Dados Internacionais de Catalogação na Publicação (CIP)
(Catalogação na fonte)
BIBLIOTECA JOANNA DE ÂNGELIS

F825 FRANCO, Divaldo Pereira. (1927)

Afinidade. 5. ed. / Pelo Espírito Joanna de Ângelis
[psicografado por] Divaldo Pereira Franco, Salvador: LEAL, 2023.
88 p.
ISBN: 978-85-8266-153-6

1. Espiritismo 2. Psicografia 3. I. Divaldo Franco II. Título

CDD: 133.93

Bibliotecária responsável: Maria Suely de Castro Martins – CRB-5/509

DIREITOS RESERVADOS: todos os direitos de reprodução, cópia, comunicação ao público e exploração econômica desta obra estão reservados, única e exclusivamente, para o Centro Espírita Caminho da Redenção. Proibida a sua reprodução parcial ou total, por qualquer meio, sem expressa autorização, nos termos da Lei 9.610/98.
Impresso no Brasil | Presita en Brazilo

Tais quais pedaços de conselhos,
dispersos, rasgados, caídos ao chão...
Como se, ao encontrá-los,
descobríssemos a nós mesmos...

Ana Maria Spränger Luiz

INDICATIVO DAS SIGLAS UTILIZADAS NAS MENSAGENS *

AV – *Alegria de Viver*, 7ª ed. - BA/LEAL.
ED – *Episódios Diários*, 10ª ed. - BA/LEAL.
FD – *Filho de Deus*, 10ª ed. - BA/LEAL.
MA – *Momentos de Alegria*, 4ª ed. - BA/LEAL.
MCg – *Momentos de Coragem*, 8ª ed. - BA/LEAL.
MCs – *Momentos de Consciência*, 3ª ed. - BA/LEAL.
ME – *Momentos de Esperança*, 3ª ed. - BA/LEAL.
MF – *Momentos de Felicidade*, 4ª ed. - BA/LEAL.
MH – *Momentos de Harmonia*, 3ª ed. - BA/LEAL.
MI – *Momentos de Iluminação*, 4ª ed. - BA/LEAL.
MM – *Momentos de Meditação*, 5ª ed. - BA/LEAL.
R – *Responsabilidade*, 1ª ed. - BA/LEAL.
RP – *Receitas de Paz*, 7ª ed. - BA/LEAL.
V – *Vigilância*, 2ª ed. - BA/LEAL.
VA – *Viver e Amar*, 4ª ed. - BA/LEAL.
VF – *Vida Feliz*, 18ª ed. - BA/LEAL.

(*) A informação entre parênteses refere-se ao livro de onde foi retirada a mensagem.

I

Quando as dificuldades te advierem,
compreende que estás sob avaliação
para seres promovido.

(MH, capítulo 1)

II

Quem guarda rancor,
coleciona lixo moral e,
consequentemente,
termina enfermando.

(VF, capítulo LI)

III

O reto pensar é o método único para atingir o reto atuar.

(MM, capítulo 3)

IV

A sociedade cambaleia porque os alicerces sobre os quais se levanta são movediços e frágeis.

(MH, prefácio)

V

A reação perturba,
a ação edifica.

(AV, capítulo 2)

VI

Nada de fora perturba um coração tranquilo, que pulsa ao compasso do dever retamente cumprido.

(VF, capítulo VIII)

VII

Faze do teu lar
a oficina
onde a felicidade habita.

(VF, capítulo CLXXXVI)

VIII

Cada paixão removida será uma menor carga a conduzir.

(MA, capítulo 13)

IX

Se já podes desculpar o ofensor,
estás melhor do que ele.

(VA, capítulo 18)

X

Nada há impossível para quem ama, crê e espera, estudando e servindo sem cansaço.

(MA, capítulo 18)

XI

Solidão é palavra absurda para quem ama, e queixa de abandono representa desconhecimento das Leis da Vida.

(MH, capítulo 1)

XII

Se a pessoa amada não te corresponder à expectativa, segue adiante, porque o prejuízo é dela.

(VF, capítulo XXII)

XIII

Deus é o teu amigo perfeito, acessível, sempre disposto a ouvir-te as queixas e a apresentar-te soluções.

(FD, capítulo 3)

XIV

Experiência não testada é adorno que não merece confiança.

(MCs, capítulo 2)

XV

É fácil amar e respeitar aqueles que vivem fisicamente distantes.

(AV, capítulo 10)

XVI

Sê sempre aquele que não censura,
nem agride, porém capaz de entender e
ajudar sem descanso.

(MCg, capítulo 10)

XVII

Existe em ti um depósito de valores desconhecidos que esperam ocasião para serem postos a serviço.

(MM, capítulo 18)

XVIII

Responderás, ante a própria consciência, pelas induções e seduções sexuais que estimules.

(MCg, capítulo 17)

XIX

Viver e amar são, portanto,
termos idênticos da
equação existencial.

(VA, prefácio)

XX

Mantém acesa a luz do entusiasmo em tuas realizações e, sabendo-te fadado à Grande Luz, deixa que brilhem as tuas aspirações nobres.

(VF, capítulo XLIV)

XXI

O homem sem fé é semelhante a
barco sem bússola
em oceano imenso.

(ED, capítulo 45)

XXII

Se a tua palavra não tiver o
objetivo de auxiliar,
não a apresentes para criticar.

(VF, capítulo LXXXIX)

XXIII

Com a predominância do egoísmo, todos pretendem ser amados, não, porém, dispondo-se a amar, apesar das queixas em torno da questão.

(MI, capítulo 16)

XXIV

A lealdade produz confiança.

(AV, capítulo 14)

XXV

Soluciona os teus problemas com a inspiração da prece.

(MF, capítulo 7)

XXVI

Tua vida é exemplo
para outras vidas.

(V, capítulo 10)

XXVII

Quem desperdiça afetos,
experimenta solidão.

(MH, prefácio)

XXVIII

A paz legítima emerge do coração feliz
e da mente que compreende,
age e confia.

(FD, capítulo 2)

XXIX

Quem edifica sobre terreno alheio,
termina por
perder a construção.

(VF, capítulo LVI)

XXX

Se não podes ser o pão que repleta as mesas, constitui-te grão de trigo e confia no futuro.

(V, capítulo 7)

XXXI

O hábito de servir
controla as
ambições exageradas.

(R, capítulo 3)

XXXII

O homem que se conhece
possui um tesouro
no coração.

(MI, capítulo 8)

XXXIII

Jogo, sexo, gula, anedotário servil, para citar somente alguns, iniciam-se em pequenas doses, para culminar em cárcere moral, quando não em penitenciária comum.

(VF, capítulo XXX)

XXXIV

Age corretamente sempre.

(MM, capítulo 13)

XXXV

Deus nos faculta o crescimento sob Sua inspiração amorosa, porém, os logros se fazem com esforço pessoal. Sem privilégios, tampouco sem restrições.

(MA, capítulo 4)

XXXVI

Pequenas ajudas
produzem os milagres
das grandes realizações.

(VF, capítulo XXXV)

XXXVII

O bem não tem preço, pois que, à
semelhança do amor,
igualmente não tem limite.

(ED, capítulo 9)

XXXVIII

Quem faz o que lhe
está ao alcance,
realiza o máximo.

(VF, capítulo LXXIV)

XXXIX

Não permaneças a distância,
aguardando um fenômeno
especial de privilégio que
não mereces.

(R, capítulo 6)

XL

A voz caracteriza o
comportamento e
a emoção das pessoas.

(VF, capítulo C)

XLI

Tem a coragem de reconhecer que erras, que te comprometes, não te voltando contra os outros como efeito normal do teu insucesso.

(MF, capítulo 19)

XLII

Se te contentas estacionando,
perdes oportunidades
excelentes de libertação.

(FD, capítulo 8)

XLIII

Faze silêncio e ama com empenho o serviço fraternal, a fim de ouvires essas *estrelas fulgurantes* que são as *vozes dos céus*, que ora vêm à
Terra buscando erguer o homem.

(ME, capítulo 12)

XLIV

Contenta-te com o que tens, o que és;
anela e luta pelo teu crescimento
interior e a tua realização
plenificadora.

(MH, capítulo 7)

XLV

Toda busca da Verdade,
para legitimar-se,
deve ser fundamentada na paz.

(MM, capítulo 15)

XLVI

A fim de que logres superar-te,
faz-se necessário
controlar as tuas reações.

(V, capítulo 18)

XLVII

A perfeição é a meta.
Como lográ-la,
é desafio para cada ser.

(R, capítulo 13)

XLVIII

Se te preocupas com o mal,
permanecerás cercado de temores e
problemas.

(MF, capítulo 5)

XLIX

Executa o teu trabalho com amor e dá-lhe o toque de ternura pessoal que o tornará especial e exclusivo.

(MH, capítulo 7)

L

O adubo, mesmo desprezado,
é fator de vida.

(AV, capítulo 4)

LI

Se não podes implantar a paz, vence a tua violência íntima.

(AV, capítulo 4)

LII

Quando a amizade unir as criaturas com desinteresse, as paixões desgastantes cederão lugar ao júbilo espontâneo.

(MF, capítulo 16)

LIII

Deus quer a tua paz legítima, após acalmados os anseios do coração e regularizados os débitos da consciência.

(FD, capítulo 21)

LIV

Tem a coragem de não perder a paciência ante o agressor, evitando ficar igual a ele.

(RP, capítulo 18)

LV

Sê bondoso para com todos,
sem te manteres
conivente com ninguém.

(MCg, capítulo 17)

LVI

Se não te aceitam integralmente,
tem calma e prossegue.

(RP, capítulo 16)

LVII

Ama, sem aguardar resposta.

(VA, capítulo 13)

LVIII

Exercita equilíbrio,
corrige a onda mental e
vence o tempo.

(MCg, capítulo 17)

LIX

A irritação é sinal vermelho na conduta, e o agastamento é arma perigosa pronta a desferir golpe.

(AV, capítulo 10)

LX

Quem não tropeça, nem cai, certamente não sai do lugar onde se encontra imobilizado.

(ED, capítulo 48)

LXI

Tenta ser, por fora, conforme evoluis
por dentro, sendo a pessoa gentil,
mas nobre, fulgurante e abnegada,
afável, todavia leal.

(MCg, capítulo 6)

LXII

A indiferença ante a dor do próximo é
congelamento da emoção
que merece combate.

(MM, capítulo 9)

LXIII

Descobrindo imperfeições,
luta por te aprimorares.

(VF, capítulo CXXII)

LXIV

Experiência que passa
enseja lição que permanece.

(AV, capítulo 8)

LXV

Ama, indiscriminadamente, irradiando este nobre sentimento que concede elevação ao ser.

(MF, capítulo 16)

LXVI

Na área dos amores de profundidade,
a presença da amizade
é fundamental.

(ME, capítulo 9)

LXVII

Faze quanto te seja possível,
sem aguardar aplauso,
nem temer pedradas.

(VF, capítulo LXXXIX)

LXVIII

Como não podes viver sem a presença das ideias, coloca aquelas que te promovam à saúde e ao bem-estar.

(V, capítulo 3)

LXIX

A viagem evolutiva de
sublimação pessoal
é muito solitária.

(R, capítulo 1)

LXX

Ama e dulcifica-te, porquanto somente o amor propicia a luz do entendimento e o repouso da paz.

(MI, capítulo 20)

LXXI

Haja, portanto, o que houver,
não revides mal por mal, desejando e
fazendo ao teu próximo todo o bem
que desejares que ele te faça.

(VA, capítulo 5)

LXXII

Porque todos se descontrolem, ameaçando a harmonia geral, não percas a serenidade.

(RP, capítulo 15)

LXXIII

Não somes, à queda,
novas trombadas.
Ergue-te e caminha.

(R, capítulo 14)

LXXIV

A pontualidade, além de um dever,
é também uma forma de respeito
e homenagem a quem te espera ou
depende de ti.

(VF, capítulo CXXX)

LXXV

Lembra-te: Deus tudo pode!

(FD, capítulo 19)

LXXVI

Estampa na face, nascida no coração, a alegria que a tua fé espiritual te proporciona.

(ME, capítulo 6)

LXXVII

A responsabilidade é vigilante moral de cada pessoa, acompanhando-lhe as ações e a conduta.

(R, prefácio)

LXXVIII

Se ambicionas a felicidade,
semeia o bem sem descanso
e aguarda o tempo.

(AV, capítulo 3)

LXXIX

As conversações sadias levantam o ânimo, quanto as vulgares relaxam o caráter.

(VF, capítulo LXVII)

LXXX

O trabalho do bem faz bem, não
devendo gerar desagrado
nem aborrecimento.

(MH, capítulo 5)

Anotações